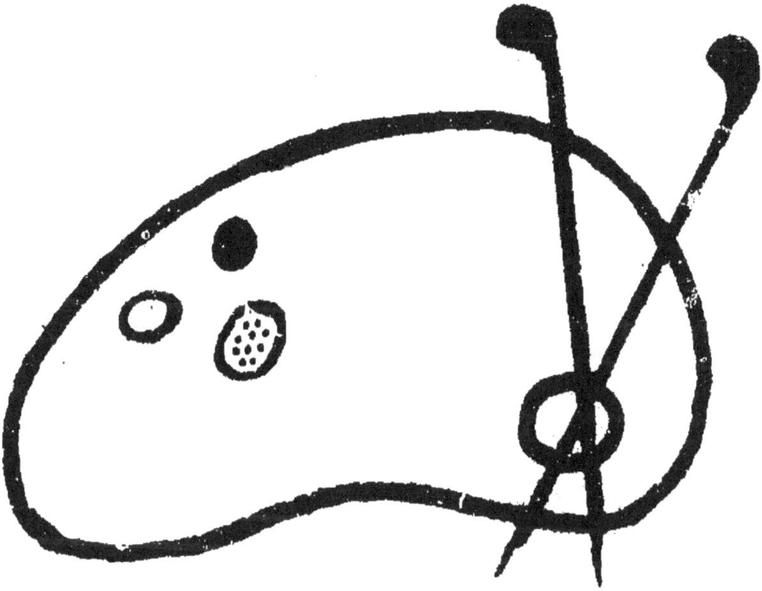

Début d'une série de documents
en couleur

REVUE

ARCHÉOLOGIQUE

OU RECUEIL

DE DOCUMENTS ET DE MÉMOIRES

RELATIFS

A L'ETUDE DES MONUMENTS, A LA NUMISMATIQUE ET A LA PHILOLOGIE

DE L'ANTIQUITÉ ET DU MOYEN AGE

Publiés par les principaux Archéologues

FRANÇAIS ET ÉTRANGERS

et accompagnés

DE PLANCHES GRAVÉES D'APRÈS LES MONUMENTS ORIGINAUX

Tirage à part.

—

NOTES SUR LES

MOSAIQUES CHRÉTIENNES DE L'ITALIE

Par M. Eug. MUNTZ.

PARIS

AUX BUREAUX DE LA *REVUE ARCHÉOLOGIQUE*

LIBRAIRIE ACADÉMIQUE — DIDIER et Ce

QUAI DES AUGUSTINS, 35

Fin d'une série de documents
en couleur

FAC-SIMILE D'UN DESSIN DE GRIMALDI, REPRÉSENTANT LES MOSAIQUES DE L'ORATOIRE DU PAPE JEAN VIII
(SCÈNES DE LA VIE DU CHRIST.)

NOTES

SUR LES

MOSAIQUES CHRÉTIENNES

DE L'ITALIE

IV

L'ORATOIRE DU PAPE JEAN VII

Extrait de la REVUE ARCHÉOLOGIQUE

SEPTEMBRE, 1877.

PARIS

AUX BUREAUX DE LA *REVUE ARCHÉOLOGIQUE*

LIBRAIRIE ACADÉMIQUE — DIDIER et Cᵉ

QUAI DES AUGUSTINS, 35

1877

NOTES

MOSAIQUES CHRÉTIENNES DE L'ITALIE [1]

IV

L'ORATOIRE DU PAPE JEAN VII

Quelques fragments dispersés en tous lieux, c'est là aujourd'hui tout ce qui reste du célèbre oratoire élevé en l'honneur de la Vierge par Jean VII (705-707), un des nombreux papes grecs qui se succédèrent vers le VIIIe siècle sur le trône pontifical. Je vais essayer, en m'aidant de ces épaves et d'anciennes descriptions manuscrites, de reconstituer la mosaïque qui décorait cet édifice et qui a long-temps fait l'admiration du monde chrétien ; elle a suffi pour illustrer un pontificat si court, et présente aujourd'hui encore un intérêt majeur, parce qu'elle est la dernière en date des mosaïques exécutées avant la renaissance carlovingienne et parvenues jusqu'à nous, du moins dans quelques-unes de ses parties.

L'oratoire de la Vierge, aussi appelé la « cappella del Presepio », était situé dans l'ancienne basilique du Vatican, à l'endroit où se trouve aujourd'hui la porte Sainte. Le *Liber pontificalis* en mentionne la construction dans les termes suivants : « Hic (Johannes VII) fecit oratorium sanctæ Dei genitricis Mariæ inter ecclesiam beati Petri apostoli : cujus parietes musivo depinxit... Sepultus est ad beatum Petrum apostolum ante altare oratorii sanctæ Dei genitricis, quod ipse construxerat (2). »

---

(1) Voir la *Revue archéologique*, septembre 1874, octobre et novembre 1875, dé-
cembre 1876, janvier 1877.

(2) Ed. Vignoli, *in vita Johanni VII*, § II et IV.

Petrus Mallius, Maffeo Vegio, Onofrio Panvinio, qui ont vu cet oratoire intact, l'un au XIIᵉ, l'autre au XVᵉ, le troisième au XVIᵉ siècle, se bornent à reproduire le passage ci-dessus relaté de la chronique papale, sans y ajouter le moindre détail caractéristique (1). Nous ignorerions jusqu'à la nature des sujets qui y étaient figurés, sans le secours d'un archéologue romain de la fin du XVIᵉ et du commencement du XVIIᵉ siècle, qui a rendu les services les plus signalés à l'étude des antiquités chrétiennes : Jacques Grimaldi, archiviste du chapitre de Saint-Pierre et notaire apostolique. Cet érudit a pris soin de décrire et de faire dessiner l'oratoire et ses mosaïques au moment où ils allaient disparaître sous la pioche des démolisseurs de Paul V (2), et sa description ne laisse rien à désirer sous le rapport de l'exactitude. Comme elle n'a jamais été publié que sous forme d'extrait (3), je crois utile, avant d'aller plus loin, de la reproduire intégralement d'après un manuscrit de l'Ambrosienne de Milan (4). Elle est ainsi conçue :

Hujus sacelli descriptio hæc est : In pariete versus Palatium apostolicum tessellati operis prima historia est prædicatio B. Petri apostoli Jerosolymitanis cum litteris CIVITAS HIEROSOLYMA, habens imaginem Beati Petri stantis recti, manu elevata, tenentis binas claves, cum civitate Jerosolyma et populo circum se illum audiente.

Secunda prædicatio ejusdem Antiochenis habens similem imaginem cum litteris CIVITAS ANTIOCHIA.

Tertia prædicatio Romanis cum simili imagine et litteris ROMA. E ruinis servata imago B. Petri prædicantis Romanis videtur hodie sub fornice novi pavimenti, muro affixa.

Quarta, quando sanctissimi apostoli Petrus et Paulus coram Nerone disputabant cum Simone Mago.

Quinta lapsus Simonis ex aere.

Sexta crucifixio Petri.

Septima decollatio Pauli.

<hr>

(1) *Descriptio Vaticanæ Basilicæ veteris et novæ*, éd. de Angelis, Rome, 1646, p. 16. — *Acta sanctorum*, juin, VII, p. 82. — *De septem Urbis ecclesiis*, Rome, 1570, p. 44.

(2) En 1606 et non en 1639, comme le rapporte M. Gregorovius, *Storia della città di Roma*, t. II, p. 224.

(3) Voir Severano, *Memorie sacre delle sette chiese*, Rome, 1630, t. I, p. 70, et Torrigio, *Sacre grotte vaticane*, Rome, 1639, p. 117 et passim.

(4) A. 168, inf. fol. 92 vᵒ et ss. — La même description est contenue dans la plupart des autres manuscrits de Grimaldi : Archives du chapitre de Saint-Pierre, à Rome. — Barberine, Bibliothèque nationale de Florence (p. III, cod. 173, fol. 102 vᵒ), etc. J'ai consacré une étude spéciale à ces manuscrits, ainsi qu'à leur auteur, dans le t. Iᵉʳ de la *Bibliothèque des Ecoles françaises d'Athènes et de Rome*, p. 225-269.

In altero vero pariete, supra portam sanctam, hæ cernebantur historiæ opere musivo : Annunciationis, Visitationis, Nativitatis Christi cum miraculo mulieris tangentis arida manu præsepe, quod hodie cernitur sub fornice prædicto in ambitu sacræ confessionis in demolitione acceptum, angeli ad pastores, adorationis magorum, præsentationis in templo, baptesimi Christi in Jordane, miraculi cæci nati, mulieris tangentis fimbrias, Zacchei in siccomoro, suscitationis Lazari, [cum Maria et Martha sororibus prostratis ad pedes domini,] triumphi in die Palmarum, cœnæ, cum discipulis antiquo more cubantibus, crucifixionis cum quatuor clavis, resurrectionis, descensus ad limbum, et quando angelus mulieribus apparuit, ad monumentum.

In medio harum imaginum aderat beatissima Deipara virgo, ex eodem tessellato opere, gravi vultu decora, armillis et coronis ornata, expansis manibus græco ritu, habitu coloris castanei, staturæ palmorum quindecim, quæ inde amota et Florentiam pia devotione Antonii Riccii nobilis Florentini, Episcopi Aretini, translata, in ecc⁴ S. Marci magna veneratione colitur.

Ad cujus dexteram stabat rectus Joannes septimus Papa, cum planeta et pallio, habens in capite quadratum diadema (quod indicium est viventis) et sublatum manibus offerens sacellum ipsum Deiparæ virgini, cujus Pontificis imago a pectore sursum e ruinis servata videtur hodie sub fornice novi pavimenti, proxime aram sanctæ Mariæ Prægnantium.

Subtus pedes Deiparæ virginis musive s litteris juxta typum in fine hujus operis appositum, videlicet : ✠ IOHANNES . INDIGNVS . EPISCOPVS . FECIT.

Hinc inde ad latera imaginis surgebant duæ preciosæ columnæ... Infra constructus fornix nitebatur duabus eximiis columnis viteis albis intortis, quæ hodie ante majorem absidam templi cæteris similibus pulchriores et rariores inspiciuntur ; in cujus fornicis interiori circuitione effictæ erant e musivo imagines Deiparæ Virginis, filium gestantis, apostolorum Petri et Pauli, Petri ad sinistram et Pauli ad dexteram, cum litteris in gyro anteriori arcus : DOMVS . SANCTAE . DEI . GENETRICIS . MARIAE. Sub quo olim erat altare, postea posita ibi fuit porta sancta anni jubilei...

A cette description sont joints plusieurs dessins, tous inédits, à l'exception du plus insignifiant et du plus infidèle d'entre eux, le croquis représentant les scènes de la vie du Christ. C'est de celui-ci précisément que l'auteur des *Vetera Monimenta*, Ciampini, a fait choix pour sa publication, et c'est dans la gravure informe (1)

---

(1) *De Sacris Ædificiis*, pl. XXIII. Les détails sont tellement altérés dans la gravure qu'il est impossible d'y reconnaître la plupart des sujets. On a peine à comprendre comment Ciampini a pu déclarer qu'il n'expliquerait pas les scènes représentées sur son estampe « quum per se omnibus pateant ». — On trouve dans les cryptes du Vatican, près de la statue en marbre de saint Pierre, une peinture représentant les mêmes mosaïques. Mais cette reproduction, sommaire et infidèle, paraît faite de mémoire et ne mérite aucune créance.

qu'il en a donnée que tous les archéologues, depuis d'Agincourt jusqu'à M. Rohault de Fleury, ont étudié ces compositions si intéressantes au point de vue iconographique. Les dessins de Grimaldi jetteront un jour tout nouveau sur l'œuvre de Jean VII et nous permettront de rattacher à des scènes déterminées les fragments qui ont échappé à la ruine de l'oratoire.

Nous suivrons dans ce travail l'ordre même adopté par Grimaldi et nous passerons successivement en revue les scènes de la vie de saint Pierre et de saint Paul, celles de la vie du Christ, l'image de la Vierge et de Jean VII, enfin l'image de la Vierge tenant sur ses genoux l'enfant Jésus et accompagnée des apôtres saint Pierre et saint Paul.

I

Scènes de la vie de saint Pierre et de saint Paul (1).

Cette mosaïque formait un rectangle comprenant six comparti-ments disposés sur trois lignes.

1° Dans le premier, en commençant par la gauche, on voyait saint Pierre nimbé, debout, la main droite levée, deux clefs dans l'autre main; il parlait à plusieurs personnes agenouillées autour de lui. Deux tours crénelées, de dimensions inégales, encadraient la scène, au-dessous de laquelle étaient tracés les mots : CIVITAS. HIEROSOLYMA.

2° Dans le second compartiment, en suivant l'ordre horizontal, (CIVITAS ANTIOCHIA), l'apôtre était figuré dans la même attitude. Les auditeurs agenouillés occupaient un côté seulement du tableau.

3° Motif analogue aux précédents. Prédication de saint Pierre à Rome (avec l'inscription ROMA). Cette composition est la seule qui

---

(1) On s'explique difficilement comment Mignanti, le dernier en date des historiens de la basilique du Vatican, a pu dire que ces scènes étaient peintes à fresque (*Istoria della sacrosanta patriarcale basilica Vaticana*, Rome, 1867, t. I, p. 151), alors que les fragments des cryptes du Vatican sont là pour nous prouver qu'elles étaient exécutées en mosaïque. Le paragraphe que cet auteur consacre à l'oratoire de Jean VII est d'ailleurs rempli de méprises. Il rapporte qu'on y avait représenté la vie de la Vierge ; il confond la Vierge tenant l'Enfant (cryptes de Saint-Pierre) avec l'Adoration des Mages (S. Maria in Cosmedin), etc., etc.

se soit conservée (1). Elle se trouve aujourd'hui dans les cryptes de la basilique du Vatican (2), où son origine est rappelée en ces termes : « Imago B. Petri prædicantis Romanis, ex sacello Joannis VII papæ. Paulo V Pont. max. » Saint Pierre y est représenté presque de face et à mi-corps, levant la droite pour haranguer la foule. Il serait superflu de décrire son costume et ses attributs, car la figure a été refaite presque en entier. Le bras droit seul, tout nu, paraît ancien. Des clefs, on n'en aperçoit plus de trace. Au siècle dernier déjà, un écrivain a constaté l'état de détérioration de cette figure : « Nunc vero deformatum adeo est, ac temporis edacitate ita exesum, ut ejus dumtaxat fragmentum 11 circiter palmorum supersit, in quo præter apostoli caput et pectus nil aliud equidem video (3). »

4° La dispute contre Simon le Mage. A notre gauche se tient un soldat armé du bouclier et de la lance, puis vient Néron (NERO), assis sur son trône. Au second plan on voit Simon (MAGVS) étendant les mains vers saint Pierre et saint Paul, désignés chacun par leur nom (S. PETRVS. S. PAVLVS) et nimbés.

5° Les mêmes personnages. Au milieu, Simon s'enlève dans les airs ; plus loin est figurée sa chute. A notre droite se trouvent les deux princes des apôtres, l'un agenouillé au pied d'une tour et priant avec ferveur, le dos tourné à Néron, l'autre debout, s'adressant à l'empereur et lui montrant cette même tour. Le tableau ne porte pas d'autre inscription que celle-ci : NERO.

6° Crucifixion de saint Pierre sur une croix renversée, décollation de saint Paul. Près de chacun des deux condamnés se tient un bourreau. Il n'y a point de spectateurs. On voit qu'à cette époque toute trace de répugnance pour la représentation des scènes de martyre avait disparu.

---

(1) Torrigio, *Sac. grotte Vat.*, p. 121, parle de plusieurs débris de cette mosaïque qui ont été transportés à Saint-Philippe-Neri. J'ignore ce qu'ils sont devenus : « Alcune altre figure di questa istessa cappella si vedono hora affisse nella chiesa di S. Filippo Neri, in strada Giulia, postevi nel 1633. »

(2) Ciampini, *De Sacris Ædificiis*, p. 103, n° 15, et Barbier de Montault, *Souterrains... de Saint-Pierre*, R. 1866, p. 23, n° 29.

(3) Dionysio, *Sacr. Vatic. Basil. crypt. monumenta*, Rome, 1773, p. 42. — La composition est gravée dans la seconde édition de cet ouvrage (1825), pl. XVIII, n° 3. A l'époque même de la démolition les scènes de la vie de saint Pierre et de saint Paul avaient déjà beaucoup souffert, comme le prouve ce passage de Grimaldi : « Historiæ beati Petri versus Palatium apostolicum ob madentem locum offuscatæ satis (cernebantur). » *De S. Sudario*, Ambr., A. n° 168, f° 16 v°.

II

Scènes de la vie du Christ.

Notre gravure, exécutée d'après un dessin de Grimaldi, montre la disposition générale de cette partie de la mosaïque qui est divisée en huit compartiments. Nous examinerons dans l'ordre chronologique, c'est-à-dire en allant de gauche à droite, les scènes qui y sont représentées.

A. *L'Annonciation ; la Visitation.* — A gauche, l'ange s'avance vers la Vierge assise sur un trône qui occupe le milieu de la composition. L'inscription suivante :

AVE GRA

TIA.PLE

|NA. DO

MINVS

TECVM

sert de commentaire à la scène. Plus loin, à droite, dans le même compartiment, se trouve figurée la rencontre de Marie et d'Elisabeth.

B. *La Nativité ; l'Annonciation aux Bergers.* — A gauche on voit saint Joseph. Au centre, au second plan, se trouve la Vierge, étendue sur un lit; derrière elle l'enfant Jésus enveloppé de langes repose sur un coffre élevé (la crèche?), au pied duquel est agenouillée une femme tendant vers lui ses bras nus. Plus loin encore, on aperçoit le bœuf et l'âne. Une étoile gigantesque brille au sommet de la composition. A notre droite, le premier plan est occupé par deux femmes qui lavent le nouveau-né; du même côté, mais au fond, un ange annonce la bonne nouvelle à deux bergers.

Cette composition est des plus compliquées; elle renferme plusieurs sujets que l'on n'est pas habitué à rencontrer dans le même cadre, du moins dans les premiers siècles du christianisme. Ce sont la Nativité, le Bain de l'enfant Jésus, la Guérison de Salomé, l'Annonciation aux Bergers.

Un seul fragment de ce compartiment si bien rempli est parvenu jusqu'à nous : c'est celui qui nous montre la toilette du bambino. Après avoir longtemps figuré dans les cryptes de la basilique de

Saint-Pierre (1), il est aujourd'hui exposé dans le musée chrétien du Latran. Il mesure 0^m,60 de haut sur 0^m,54 de large. L'enfant, tout nu, est plongé dans une cuve; il est représenté de face; un cercle d'or entoure sa tête. La femme de gauche seule subsiste encore; elle soutient l'enfant confié à ses soins (2). L'exécution de ce morceau est fort sommaire; l'artiste ne s'est guère occupé que de tracer les contours; de modelé, il en est à peine question.

Une autre partie de la composition, celle où l'on voit une femme tendant les bras nus vers l'enfant couché sur la crèche, nous est connue par un dessin plus exact et plus détaillé que celui de Grimaldi. Ce dessin, qui a jusqu'ici passé inaperçu, se trouve à la bibliothèque Barberini (3); il reproduit jusqu'aux couleurs de l'original. Grâce à lui, nous pouvons résoudre un problème qui a autrefois donné lieu à bien des discussions (4). La scène représente évidemment le premier miracle du Christ, la guérison de Salomé (5).

---

(1) Torrigio, *Sacre grotte Vaticane*, p. 57. On y avait joint cette épigraphe : « Ex ruinis antiquissimi sacelli Joannis VII in veteri basilica MDCIX. »

(2) Je ne puis m'empêcher de rapprocher de cette scène la fameuse peinture de la catacombe de Saint-Valentinien, dans laquelle Bosio (*Roma sotterranea*, éd. de 1632, p. 579), Aringhi (*Roma subterranea*, t. II, p. 532), L'Heureux (*Hagioglypta*, p. 112) et bon nombre d'auteurs modernes ont cru voir le supplice d'un saint plongé dans de l'huile bouillante. Les PP. Cahier et Martin (*Mélanges*, I, p. 23) ont montré que cette peinture représentait tout simplement le bain de l'enfant Jésus. Voir aussi la *Storia dell' arte cristiana*, du P. Garrucci, pl. LXXXIV et p. 92-93 (t. II). Les autres parties de la même fresque offrent également une analogie frappante avec la mosaïque de Jean VII.

(3) XLIX, n° 19, fol. 12, avec l'inscription : « Ex ruinis antiquissimi sacelli Joannis papæ VII in veteri basilica MDCVIIII in sacris cryptis Vat. »

(4) Pendant longtemps on a cru que la femme à genoux était sainte Anastasie. Mais cette opinion a été réfutée par Baronius déjà, *Martyr. rom*, 25 déc., éd. de 1598, p. 625.

(5) « Et dixit Joseph ad Mariam : Ego tibi Zelemi et Salomen obstetrices adduxi.. cumque permisisset se Maria tangi [Zelemi] exclamavit voce magna et dixit... Virgo concepit, virgo peperit, virgo permanet. Audiens hanc vocem alia obstetrix nomine Salome dixit : Quod ego audio, non credam, nisi forte ipsa probavero. Et ingressa Salome ad Mariam dixit : Permitte me, ut palpem te et probem utrum verum dixerit Zelemi. Cumque permisset Maria ut eam palparet, misit manum suam Salome; et cum misisset et tangeret, statim exaruit manus ejus. Et præ dolore cœpit flere vehementissime et angustiari et clamare et dicere : Domine, tu nosti, quia semper te timui, et omnes pauperes sine acceptione retributionum curavi ; de vidua et orphana nihil accepi, et inopem vacuum a me nunquam dimisi. Et ecce misera facta sum propter incredulitatem meam, quia ausa fui temptare virginem tuam. Cumque hæc diceret, apparuit juxta illam juvenis splendidus dicens ei : Accede ad infantem et adora eum, et continge manu tua ; et ipse sanabit eam, quia ipse est Salvator sæculi et omnium sperantium in se. Et confestim ad infantem accessit Salome, et ado-

C. *L'Adoration des Mages.* — Un fragment considérable de cette composition se trouve aujourd'hui dans la sacristie de l'église Santa Maria in Cosmedin ou Bocca della Verità (1). La Vierge y est assise sur un trône garni de gemmes et recouvert d'un coussin bleu et vert. Elle est tournée vers la droite du spectateur; son visage se présente presque de profil. Pour vêtement elle a une robe violette et un manteau bleu qui couvre sa tête et qui est orné de quelques cubes dorés, disposés en forme de croix sur la poitrine, sur l'épaule et sur le capuchon. Sur ses genoux elle tient son divin fils, qui porte une robe de drap d'or et qui étend une main pour recevoir l'offrande d'un des mages, tandis que de l'autre main il étreint un volumen. De ce mage il ne reste plus que le bras gauche (manche bleue, garnie autour du poignet de filets d'or) et une cassette posée sur un voile rouge et remplie, selon les paroles de l'Evangéliste de pièces d'or : « *apertis thesauris obtulerunt ei munera, aurum e thus et myrrham.* » (Saint Mathieu, II, 11.) Un ange vêtu de blanc, aux ailes bleues et vertes, est debout au second plan, entre l'enfant Jésus et le roi; il invite ce dernier et ses compagnons à s'approcher ; sa gauche est armée d'un long baculus, que Crescimbeni a pris pour une lance, quoique l'on n'aperçoive pas de fer au bout. A côté de lui, dans les airs, brille l'étoile, dont les rayons, démesurément gros, ressemblent aux ailes d'un moulin à vent. Le dernier personnage de la scène s'appuie contre le trône de la Vierge, s'effaçant en quelque sorte ; on ne voit qu'une partie de sa longue tunique blanche; il baisse la tête dans l'attitude de la méditation ou de la vénération; ajoutons que, différent en cela de la Vierge, de l'Enfant et de l'ange, il est privé de nimbe. Ses traits dénotent plutôt la maturité de l'âge que la vieillesse ; sa barbe peu fournie et ses cheveux commencent à peine à blanchir.

Ce personnage, je viens de le dire, est debout derrière le trône de la Vierge. Pendant longtemps les archéologues, par suite d'une confusion qui tenait sans doute à ce que la composition était placée à

____

rans eum tetigit fimbrias pannorum, in quibus infans erat involutus, et statim sanata est manus ejus. » Thilo, *Codex apocryphus Novi Testamenti*, Leipzig, 1832, p. 378 et suivantes.

(1) Il y a été transporté en 1639, ainsi que le constate l'inscription qui l'accompagne et qui a été publiée par Crescimbeni, dans son *Istoria della Basilica di S. Maria in Cosmedin*, Rome, 1715, p. 143, et par M. Barbet de Jouy, dans ses *Mosaïques chrétiennes*, p. 44. On trouvera en outre chez le premier de ces auteurs l'acte de donation relatif à ce fragment, qui fut d'abord placé dans la nef de S. Maria in Cosmedin, au-dessus de la porte principale (Crescimbeni, *loc. cit.*).

une certaine distance du sol, dans la nef de la basilique, prirent le dossier du trône pour un *orarium* faisant partie du costume de ce personnage (1). De là des conjectures plus ou moins bizarres. Crescimbeni, qui prétendait en outre découvrir chez lui des traces de tonsure, crut avoir affaire au fondateur même de l'oratoire, le pape Jean VII (2), et son opinion a été récemment encore adoptée par un savant anglais, M. Hemans (3). Nous ne nous arrêterons pas à la réfuter, car nos lecteurs auront déjà deviné que la figure en question est tout simplement celle de saint Joseph.

La description et le dessin de Grimaldi nous font connaître les parties aujourd'hui détruites de l'Adoration des Mages. A la suite du premier des rois, qui avait un genou en terre, s'avançaient ses deux compagnons, portant comme lui des offrandes et ayant également le teint blanc (4). Leur costume, Grimaldi le déclare expressément, était celui des Perses (5) :

In historia magorum habitus eorumdem, qui similis est illi hic expresso et delineato pagina 114 antiquissimi baldachini auro et argento ditissimo opere facti, quod veteri ciborio Joannis septimi inserviebat, de qua umbella infra fusius dicetur. Magi, qui ad Christum adorandum ab Oriente venerunt, Persarum gestant habitum, habentes in capite parvos pileolos rubri coloris, sicuti etiam Romæ gestare vidimus nobiles Hibernenses mulieres apud Tyroni principem commorantes.

Ce souci de la couleur locale ne doit pas nous étonner chez un artiste du VIIIe siècle. Ne rencontrons-nous point, à peu de distance de là, une préoccupation analogue chez les auteurs de la mosaïque de Bethléem qui représentait le même sujet? Le costume des mages y était reproduit avec tant de fidélité que lorsque, sous Chosroés,

(1) Ciampini, *De Sacris Ædificiis*, pl. XXIV, et Crescimbeni, p. 145. — Sur les croquis de Grimaldi c'est un ange qui est debout derrière le trône de la Vierge, mais c'est là évidemment une erreur du dessinateur. — D'Agincourt est le premier qui ait publié une gravure plus exacte (*Histoire de l'Art*, Peinture, pl. XVII, n° 8). Bonne reproduction dans *l'Evangile* de M. Rohault de Fleury, pl. XXIII. Photographie dans la collection Parker, n° 638.

(2) *Ist. della bas. di S. Maria in Cosmedin*, p. 143.

(3) *A history of ancient christianity and sacred art in Italy*, Londres, 1866, p. 436 : « the pontiff standing behing Mary's throne. »

(4) « Tutti tre di carnagione bianca. » Torrigio, *Sacre grotte vaticane*, p. 120.

(5) Voir sur le costume des mages le travail de M. Bayet, dans les *Archives des Missions*, 3e série, t. III, p. 449, 450, 468, et *l'Evangile* de M. Rohault de Fleury, t. I, p. 68-69.

les Perses envahirent la Palestine, ils reconnurent dans cette mosaïque les images de leurs ancêtres et, en cette considération, s'abstinrent de piller la basilique (1).

Jusqu'à ces dernières années il n'était venu à l'idée de personne que ce fragment, sur la provenance duquel nous possédons les renseignements les plus certains, pût appartenir à une autre époque que le reste de la mosaïque. Voici cependant que Schnaase, dans son *Histoire des arts plastiques* (2), a combattu l'opinion universellement accréditée, et revendiqué l'Adoration des Mages pour le XIIe-XIIIe siècle; il s'est principalement fondé sur l'expression sentimentale des têtes. L'autorité d'un tel nom nous empêche d'écarter cette hypothèse par la question préalable, et il nous faut passer en revue non-seulement les arguments de Schnaase, mais encore les objections diverses que ses partisans pourraient élever contre la date de la mosaïque.

La principale de ces objections est à notre avis la différence de dimensions entre l'Adoration des Mages et les autres scènes de la vie du Christ. Ici les personnages sont presque de grandeur nature; dans la Nativité au contraire, dans la Crucifixion, ils sont au moins trois fois plus petits. La solution de ce problème n'a rien de difficile : la scène étant moins compliquée dans l'Adoration des Mages, les acteurs moins nombreux que dans le compartiment B, par exemple, il est naturel que l'artiste leur ait donné une taille plus élevée.

Le dessin de Grimaldi nous prouve d'ailleurs que l'Adoration des Mages faisait partie intégrante des scènes de la vie du Christ. Bien différent en cela de la gravure de Ciampini, sur laquelle il est impossible d'identifier la mosaïque de Santa Maria in Cosmedin avec le compartiment correspondant, il ne laisse aucune place au doute (3).

La technique et le style sont en outre absolument identiques dans

____

(1) Voir le compte rendu, par M. L. Duchesne, de l'ouvrage de M. Sakkelion intitulé Ἐπιστολὴ συνοδικὴ τῶν ἁγιωτάτων πατριαρχῶν, etc. (*Revue critique*, 1875, t. I, p. 326).

(2) *Geschichte der bildenden Künste*, III, p. 572, Dusseldorf, 1869. « Die Technik ist roh, aber der feine, etwas sentimentale Ausdruck der Kœpfe, und die eigenthümliche von byzantinischer Weise sehr verschiedene Schlankheit der Kœrper sind mit dem 8 Jahrhundert unvereinbar, und deuten entschieden auf das 12 oder 13. »

(3) Plusieurs savants, induits en erreur par la gravure de Ciampini, ont cru que la mosaïque de S. Maria in Cosmedin était différente de l'Adoration des mages de 'oratoire de Jean VII. Voir Rohault de Fleury, *l'Evangile*, I, p. 71.

ce fragment et dans ceux du Latran et des grottes de Saint-Pierre. Les cubes d'émail, auxquels se mêlent d'assez nombreux cubes de marbre, surtout dans les chairs (1), y sont fort espacés. Le ciment qui sert à les retenir est plus apparent qu'à l'ordinaire; M. Vitet déjà a constaté l'épaisseur et la grossièreté des joints. La tonalité est claire, peu nourrie; on remarquera surtout l'emploi d'un rose particulier et du jaune réalgar. Les attributs ne présentent pas moins d'analogie; le nimbe, par exemple, se compose, chez le Christ, d'un disque d'or serti de filets blancs ou bleus et marqué d'une croix. L'étude des types achève de prouver la communauté d'origine : le corps est élancé, le visage conserve quelques traces de régularité et d'élégance; la hauteur du menton en est un des traits distinctifs. (Comparer surtout la figure de Salomé dans la Nativité du Latran avec celle de la Vierge de Santa Maria in Cosmedin.)

Resterait à examiner l'hypothèse où la mosaïque tout entière aurait été exécutée ou refaite au xiie-xiiie siècle. Ici la réfutation du système de Schnaase n'exigera pas de longs développements. En effet il a contre lui le témoignage unanime des inscriptions de l'oratoire et celui des auteurs du xiie au xvie siècle. Il serait en outre bien difficile de trouver l'école de peinture qui, à l'époque indiquée par Schnaase, aurait fait usage de procédés et de types semblables à ceux des fragments ci-dessus mentionnés. Ces procédés et ces types s'accordent au contraire à merveille avec le style byzantin du viiie siècle. M. Vitet a émis l'opinion que notre mosaïque était due à des artistes de Constantinople, réfugiés à Rome au début des persécutions iconoclastes (2). Tout concourt à donner raison à l'éminent archéologue, comme nous aurons encore l'occasion de le montrer dans la suite de ce travail.

D. *La Présentation au Temple ; le Baptême du Christ.* — Dans la première de ces scènes le nom de trois des personnages est tracé à côté d'eux : ANA. IOSEPH. SYMEON. Ce dernier est debout sous une arcade. — Dans la seconde scène le Christ se tient entre saint Jean et un ange.

E. *La guérison de l'Aveugle; l'Hémorroïsse; Zacchée.* — Les deux premières scènes, fort confuses dans le dessin de Grimaldi, compren-

(1) Mgr Barbier de Montault fait observer que dans cette mosaïque, comme dans celle du triclinium de Léon III, les chairs sont rendues par le marbre rose appelé « carnagione » (*Mosaïque du dôme à Aix-la-Chapelle*, p. 40 ; Paris, 1869).

(2) *Journal des Savants*, 1863, p. 351, et *Études sur l'art*, I, 251.

nent en tout cinq figures. Plus loin, à notre droite, on aperçoit le serviteur de Zacchée portant un paquet et s'avançant vers un homme agenouillé; Zacchée monté sur le figuier complète le tableau. Le dessin est accompagné de la légende que voici : « Zacchæus in siccomoro habens bajulum sarcinam bonorum ante se portantem ac pauperem, ut inquit Evangelium : Ecce dimidium bonorum meorum do pauperibus. » Cette explication ne nous paraît pas entièrement satisfaisante, mais il serait difficile, avec les éléments dont nous disposons, de lui en substituer une autre.

C'est sans doute de ce compartiment que provient le fragment (h. 0^m,61, l. 0^m,53) aujourd'hui conservé dans le musée chrétien du Latran. On y voit le Christ, à mi-corps, tourné vers la droite, légèrement incliné et bénissant d'une main, tandis que de l'autre il tient un volumen. Il est vêtu d'un manteau violacé (pourpre); son nimbe, à fond d'or, est crucifère. Une barbe peu fournie couvre son menton ; sa lèvre supérieure est rasée. L'ensemble de la physionomie se rapproche de ce que l'on est convenu d'appeler le type byzantin.

F. *La Résurrection de Lazare* (1); *l'Entrée à Jérusalem; la Sainte Cène* (2). — L'artiste a réuni ces trois sujets en un seul tableau, sans tenir compte de la différence de lieu et de temps. A gauche, dans le fond, il a figuré la Résurrection de Lazare ; à droite, également dans le fond, les disciples couchés autour de la table de la cène (*cum discipulis antiquo more cubantibus*). Le premier plan est occupé par l'Entrée à Jérusalem. On y voit les Juifs jetant leurs vêtements devant le Christ.

G. *La Crucifixion ; la Descente aux Limbes ; les saintes Femmes au Tombeau.* — Dans la Crucifixion le Christ est vêtu d'une tunique courte, aux manches également fort courtes (le colobium) ; il est attaché à la croix par quatre clous (3). A ses côtés se tiennent deux sol-

---

(1) Grimaldi, *Cod. Magliab.*, cl. III, n° 173, f° 102, rapporte que cette composition était conservée de son temps dans la Bibliothèque Angélique de Rome : « hæc historia servatur hodie in bibliotheca angelica Sancti Augustini Romæ. » — J'en ai cherché en vain quelque trace dans cet établissement.

(2) Grimaldi, *loc. cit.* : « Servatur hodie dictum triclinium in eadem S. Augustini bibliotheca. » Même observation que pour la *Résurrection de Lazare*.

(3) Un contemporain de Grimaldi, Angelo Rocca, décrit ainsi cette figure : « In hoc musivo inter alias et multas quidem icones, quæ Romæ in bibliotheca Angelica asservantur, imago Christi domini Salvatoris nostri quatuor clavis cruci affixa, et a collo ad convexum usque pedum amictu quodam castanei coloris velata, pedibus tamen et brachiis nudatis, et diademate, signum crucis præ se ferente, insignita

dats, dont l'un, Longin, lui perce le flanc, tandis que l'autre lui présente l'éponge imbibée de vinaigre. Plus loin on aperçoit d'un côté sa mère, de l'autre saint Jean tenant un livre. Les deux autres scènes ne nécessitent pas d'explication. Il nous suffira de faire remarquer que la descente aux Limbes de notre oratoire est vraisemblablement la plus ancienne de toutes (1).

Un fragment de la Crucifixion a échappé à la ruine de l'oratoire. Il est encastré dans le mur du déambulatoire des cryptes, avec cette épigraphe : « Hæc Virginis musiva imago erat ad sacellum Joannis papæ VII. » On y voit une figure féminine tournée vers la droite du spectateur, levant en l'air, en signe de deuil, ses regards ainsi que ses bras couverts d'un pan de son manteau. Son costume comprend une robe et un manteau d'un bleu violacé; son nimbe est d'or, avec une bordure bleue. C'est évidemment la Vierge. A côté d'elle se tient un personnage vu de profil et regardant dans la même direction; sa taille est plus petite et il est privé de nimbe. Nul doute que nous n'ayons devant nous le centurion Longin. Ajoutons que ce fragment est fortement restauré et qu'il n'offre plus que peu de caractère (2).

La mosaïque de l'oratoire de Jean VII est probablement une des premières dans lesquelles la crucifixion ait été représentée en quelque sorte publiquement, officiellement. Au vi⁰ siècle, à Sant' Apollinare Nuovo de Ravenne, on évite encore d'offrir aux yeux des fidèles cette image affligeante. Si on la figure à cette époque, c'est à peu près uniquement sur des objets de petite dimension : les fioles de Monza, le manuscrit de Rabula. Dans la porte de Sainte-Sabine, récemment étudiée ici même par M. Kondakoff (3), on la relègue à l'endroit le moins apparent, à une hauteur telle qu'il est à peu près impossible de la distinguer à l'œil nu. Mais dès le commencement du viii⁰ siècle toute trace de répugnance a disparu : on choisit pour représenter le supplice du Christ un art solennel entre tous, la mo-

---

repræsentatur. Supra vero diadema titulus hisce legebatur litteris : INRI. » *De particula ex pretioso et vivifico ligno sacratissimæ crucis,* Rome, 1609, p. 43, avec une gravure sur bois représentant le Christ en croix.

(1) M. Grimouard de Saint-Laurent fait remonter ces représentations au xi⁰ siècle seulement (*Guide de l'art chrétien,* IV, p. 359).

(2) Reproductions : dessin ancien à la Barberine, XLIX, n⁰ 19, fol. 11 ; gravures dans Dionysio, *Sac. Vatic. bas. cryptarum monumenta,* pl. LXXV, n⁰ 1, et dans Sarti et Settele, *ad P. L. Dionysii opus de Vaticanis cryptis appendix,* Rome, 1840, pl. IV.

(3) *Revue archéologique,* juin 1877.

saïque, et on l'expose dans un oratoire où, vers Noël, se pressait chaque année une foule énorme de pèlerins.

H. *La Vierge au donateur*. — Il nous reste à examiner les deux figures de la Vierge et du pape Jean VII qui occupaient autrefois le compartiment central des scènes de la vie du Christ et à côté desquelles était tracée cette inscription : *Johannes indignus episcopus fecit beatæ Dei genitricis servus.*

La figure de la Vierge orne aujourd'hui le troisième autel de droite (chapelle Ricci) de l'église Saint-Marc de Florence. Elle y a été transportée en 1609, ainsi que le constate une épigraphe gravée sur une plaque de marbre et dont on trouvera le texte dans l'ouvrage de Richa (1). D'après Severano, ce fut le cardinal Pallotta qui fit ce cadeau à la famille Ricci (2); d'après Torrigio, ce fut le chanoine Pierre Strozzi (3); mais ce fait a peu d'importance. Il paraît que, pour effectuer plus facilement le transport de ce fragment, haut de plus de deux mètres, on le coupa en deux. C'est ainsi que je m'explique la présence de la soudure qui traverse l'image dans toute sa largeur. En outre, comme le fragment était trop étroit pour garnir l'autel tout entier, on le flanqua de deux anges, de deux saints et de chérubins, en stuc colorié, imitant la mosaïque (4).

Dans cette vénérable épave de l'oratoire de Jean VII, la Vierge, de taille colossale, est debout sur une espèce de socle. Elle étend les bras, comme l'orante des catacombes, afin d'attirer sur les fidèles les bénédictions d'en haut. C'est l'attitude qu'elle a également prise dans le célèbre manuscrit syriaque de la Laurentienne et dans la mosaïque de Saint-Venance.

Son costume mérite un examen détaillé. La robe est d'un ton brun, conformément à la description de Grimaldi. Elle paraît avoir été autrefois ornée de dessins semblables à des fleurs quadrilobées, c'est du moins ainsi qu'elle est figurée dans la planche de Richa (5) et dans celle de Passeri (6). Peut-être ces dessins ont-ils disparu par

---

(1) *Notizie storiche delle chiese fiorentine*, Florence, 1754-1762, t. VII, p. 138.

(2) *Memorie sacre delle sette chiese*, t. I, p. 72.

(3) *Sacre grotte vaticane*, p. 121.

(4) D'après un document conservé dans les archives de la galerie des Offices (*filza* 1863, n° 70) ces pseudomosaïques auraient été ajoutées dès l'origine. C'est à elles que paraît se rapporter la restauration récente dont il est question dans le même document.

(5) *Chiese fiorentine*, t. VII, p. 138.

(6) *In monumenta sacra eburnea a Gorio ad quartam hujus operis partem expositiones*, Florence, 1759, pl. VI. Dans cet ouvrage, Passeri, ignorant la provenance de la mosaïque, croit qu'elle représente une impératrice, une *diva augusta anonyma*, p. 23.

suite d'une restauration. Ce qui est certain, c'est qu'aujourd'hui on n'aperçoit plus que quelques grands cercles tracés sur le bas de la robe. Une double rangée de perles traverse cette partie du vêtement en diagonale. La parure est des plus somptueuses : sur chaque épaule brille une sorte d'agrafe ornée d'un gros rubis ; des bracelets, un collier de perles et de saphirs, une couronne non moins précieuse, ajoutent encore à la richesse de cette toilette, qui est complétée par des souliers rouges et par un nimbe d'or, d'une nuance plus verdâtre que l'or du fond.

Quant à la figure même de la Vierge, elle offre une régularité assez grande ; les sourcils sont fortement accentués, le nez mince, la bouche assez bien formée, le menton haut ; bref, la recherche du style, de la noblesse, s'y révèle dans chaque trait, autant du moins que l'on peut en juger par l'état actuel de ce morceau, altéré en plus d'un endroit par les restaurations. Des lignes d'un rouge brique remplacent les plaques de même couleur que l'on voit sur les joues de sainte Agnès, par exemple, dans l'église de la via Nomentana ; elles tranchent sur le fond gris de la peau. Les contours des mains, dont la coloration est plus terne et terreuse encore que celle du visage, sont marqués en brun. Dans la droite on remarque une tentative de modelé ; la gauche au contraire est toute plate, sans l'ombre de relief.

Lorsque la mosaïque de l'oratoire était encore intacte, on apercevait à côté de la Vierge, à gauche, dans le même compartiment, le pape Jean VII ; il s'inclinait respectueusement devant sa protectrice et lui offrait l'édifice élevé en son honneur.

Ce portrait se trouve aujourd'hui dans les cryptes du Vatican, où on peut l'étudier à la lumière d'une torche ; il mesure 0^m,56 de large sur 0^m,75 de haut ; le bas du corps manque. Le pape est vu presque de face, il porte sur ses bras, couverts de sa chasuble, le modèle de l'oratoire qu'il a fait construire. Ses traits expriment une certaine souffrance ; ce sont ceux d'un homme soucieux, malingre. Sa tête se détache sur le nimbe carré : *indicium viventis.* Son costume se compose d'une tunique jaune, à plis rouges, et d'un pallium sans croix.

La technique de ce portrait mérite une mention spéciale : dans la face, qui seule paraît intacte, les cubes sont beaucoup plus fins et plus petits que dans le reste du corps ; ils ont d'ailleurs perdu tout éclat par suite de l'usure, et en maint endroit le ciment a pris la place de l'émail ou du marbre. Mais le soin avec lequel ils ont été choisis et assemblés prouve combien l'artiste tenait à reproduire fidèlement, à individualiser, les traits du pontife. C'est la dernière fois, avant la renaissance qui a succédé à l'an mil, que nous trouvons dans les mosaïques italiennes une science, un réalisme aussi grands. Un siècle plus tard, sous le pape Pascal, l'impuissance des mosaïstes éclate au grand jour : des trois portraits qu'ils nous ont laissés de ce pape aucun ne ressemble à l'autre (1).

III

La Vierge entre saint Pierre et saint Paul.

La Vierge avec l'Enfant, tel était, Grimaldi nous l'apprend, le sujet de la mosaïque placée au-dessous de la Vierge au donateur (2). Cette composition se trouve aujourd'hui dans les cryptes du Vatican (n°50, h. 0ᵐ,75, l. 1ᵐ,15 environ). On y voit Marie tenant sur ses genoux son fils qui lève la main pour bénir (on ne distingue pas d'après quel rite). La mère a un voile bleu et un nimbe rayonné, d'une forme assez bizarre ; le nimbe de l'enfant est crucifère. A droite et à gauche sont agenouillés deux personnages, privés de nimbe et tendant leurs mains jointes vers le couple divin ; ils sont de petite taille, et de prime abord on les prendrait pour des adolescents. Ce n'est qu'en se plaçant à la distance voulue que l'on reconnaît dans ces deux adorateurs saint Pierre et Saint Paul. Il n'y aurait aucun intérêt à insister sur la composition, car elle est entièrement refaite.

L'Italie possédait jusqu'au commencement du xviiᵉ siècle trois grands cycles de mosaïques ou de peintures tirés du Nouveau Testament et tous trois antérieurs à l'an mil. Un d'entre eux subsiste encore, celui de Sant'Apollinare Nuovo à Ravenne. Les deux autres, les mosaïques de l'oratoire de Jean VII et les fresques du pape Formose (891 896), dans l'ancienne basilique du Vatican, ne nous sont

______

(1) Reproductions : dessins très-soignés dans les divers manuscrits de Grimaldi ; gravures chez Dionysio, pl. XVIII, n° 4, et d'Agincourt, *Peinture*, pl. XVII, n° 6.

(2) Crescimbeni (*loc. cit.*) nie l'existence de cette mosaïque. Il prétend que Severano l'a confondue avec l'Adoration des images, dont il a été question précédemment ; qu'il a pris l'ange placé près de la Vierge pour saint Pierre, et l'autre personnage (saint Joseph) pour saint Paul. Cette assertion n'a pas besoin d'être réfutée. L'inscription suivante fait d'ailleurs foi, indépendamment du témoignage de Grimaldi, de la provenance de la mosaïque ci-dessus décrite : « Vetustissima hæc virginis musiva imago erat ad ciborium Jo. papæ VII, hic anno MDCXXI eposita (*sic*) »

plus connues que par les descriptions et les dessins de Grimaldi (1).
Nous venons de passer en revue les scènes représentées dans
l'oratoire de Jean VII ; elles sont au nombre de seize et embrassent
l'histoire du Christ depuis l'Annonciation jusqu'à la Résurrection.
C'était là aussi le thème traité par l'auteur des fresques du Vatican ; on y remarquait le Baptême du Christ, la Résurrection de
Lazare, la Crucifixion, la Descente aux limbes, l'Apparition aux
apôtres (2). A Ravenne, l'artiste, laissant de côté l'enfance du Christ,
si magistralement représentée sur l'arc triomphal de Sainte-Marie-Ma-
jeure de Rome, s'est attaché à illustrer son apostolat et sa passion.
Considérées sous le rapport des idées, les trois séries offrent plusieurs
points de ressemblance : l'élément historique y a prévalu sur l'élément symbolique, seul en faveur dans les peintures des catacombes,
dans les sculptures des sarcophages, ainsi que dans celles de la porte
de Sainte-Sabine; les scènes s'y succèdent dans l'ordre chronologique,
en allant de gauche à droite (sauf dans les Miracles du Christ de
Sant' Apollinare), au lieu d'être placées suivant les convenances ou le
caprice de l'artiste.

Mais au point de vue de la mise en œuvre (abstraction faite des
peintures de Formose, sur le mérite desquelles nous n'avons pas
de renseignements suffisants), quelle différence énorme entre les mosaïques de Sant' Apollinare Nuovo, ce chef-d'œuvre de l'art arien,
et celles de l'oratoire de la Vierge ! A Ravenne, l'artiste a résumé
en quelques traits d'une force, d'une netteté admirables les principaux épisodes de la vie du Sauveur. Ses tableaux, au nombre de
vingt-six, ne comportent le plus souvent que trois à quatre personnages, généralement placés au premier plan. Mais quelle noblesse,
quelle grandeur dans ces figures, et comme elles rendent bien le
caractère populaire de l'Évangile ! Dans les mosaïques de l'oratoire
de la Vierge le peintre a, au contraire, réuni dans chaque cadre
plusieurs motifs absolument distincts, en reléguant quelquefois à
l'arrière-plan les scènes les plus intéressantes. Il n'y a pas un seul
de ses tableaux, sauf celui qui renferme l'Adoration des Mages,

<hr>

(1) La *Bibliothèque des Ecoles françaises d'Athènes et de Rome* a publié le chapitre que Grimaldi a consacré à ces peintures, 1876, p. 248.

(2) « In altero pariete erant historiæ Novi Testamenti, sed quia pulvis ob inclinatum
parietem in ipso facile consistebat, picturæ erant penitus cæcatæ, has solas notavi : ·
Baptismus. — Suscitatio Lazari. — In medio parietis, supra altare apostolorum Simonis et Judæ, est crucifixio cum latronibus, et juxta crucem Maria mater ejus, et
sanctus Joannes Evangelista... — Descensus ad limbum.—Apparet XI apostolis... »
Grimaldi, *loc. cit.*

où nous trouvions une certaine unité d'action. Dans le compartiment F, par exemple, le Christ est représenté jusqu'à trois fois, dans trois actes différents de son ministère.

Cet arrangement, qui est une faute au point de vue de la compréhension des sujets, en est une aussi au point de vue de la décoration. Avec une telle masse de figures, la plupart de dimensions inégales, il est impossible d'atteindre au style. Si à Ravenne les scènes de la vie du Christ s'harmonisent à merveille avec l'architecture, à Rome elles ont perdu tout caractère monumental : ce ne sont plus guère que des miniatures agrandies. En substituant aux fonds bleus des fonds d'or, en adoptant une gamme peu nourrie, sans saveur, sans force, l'artiste a commis une erreur encore plus grave. On peut affirmer que, même pendant la période carlovingienne, sous le pontificat de Pascal Ier (817-824), les mosaïstes romains ont plus d'entente du coloris, et que le groupement de leurs figures répond davantage aux exigences du grand art. L'auteur des mosaïques de l'oratoire de la Vierge leur est inférieur sous ce double rapport, mais il l'emporte sur eux par l'élégance du dessin et par ce sentiment de la vie, de la réalité, qui fait absolument défaut à ses successeurs. L'arrangement des draperies, les proportions des figures, l'expression des têtes, nous prouvent qu'il a encore connu les bonnes traditions. C'est la dernière fois, avant le grand mouvement de réforme provoqué par Giotto, que nous rencontrons de pareilles qualités dans l'art italien. Aussi nous a-t-il paru que l'œuvre à laquelle est attaché le nom de Jean VII méritait d'être remise en lumière, et en quelque sorte restituée, au moyen de témoignages authentiques. Grâce à la dissertation et aux croquis de Jacques Grimaldi, il sera désormais possible de pleinement tirer parti d'un monument aussi précieux au point de vue de l'iconographie chrétienne qu'à celui de l'histoire de la peinture.

Eug. Müntz.

Original en couleur

NF Z 43-120-8